Aprende con Savannah: los continentes del mundo

por Crestcencia Ortiz-Barnett

ilustrado por Rustom Pujado
traducción de Drs. Maria Peña y Hector Garcia

Crestcencia.Ortiz@gmail.com

Copyright 2014
ISBN-13: 978-0615961262

ISBN-10: 0615961266

Savannah, nunca imaginé el placer que le traerías a mi vida. Eres la más perfecta "Hija Bono" que jamás hubiera imaginado.

Te amo, tu mamá Madre Bono

A mi esposo Jessie: gracias por tu apoyo continuo. Te agradecemos el sacrificio que haces por nuestro país y estamos agradecidas por la vida que nos has provisto. Te queremos, Savannah y CeCe

Darilis, eres una de las personas más influyentes en mi vida. Gracias por creer en mí, por guíame y ayudarme a lo largo del camino.

Para mi familia y amigos y toda la gente gloriosa que he tenido la oportunidad de conocer mientras viajaba por el mundo. ¡Gracias por su apoyo!

Este libro está dedicado a todos los "hijos de militares" (Military Brats) y los militares que están sacrificando su vida civil con sus mamás, papás y niños por el bien de nuestro país. ¡Te saludamos!

INTRODUCCIÓN

Mi nombre es Savannah y tengo 9 años de edad. Yo estoy en el cuarto grado y aprendiendo sobre los continentes. Esta palabra suena como [CON-TEH-nentes] para mí. Continentes son realmente grandes partes de la tierra. Hay siete continentes en el mundo. Algunos parecen que se unen entre sí, y otros parecen que están rodeados de agua. Algunos continentes tienen muchos países, y en otros continentes no.

Me gusta estar aprendiendo sobre los continentes, porque me gusta hacer un seguimiento de dónde está mi papá en el mundo. Mi papá está en la Fuerza Aérea de los Estados Unidos y su trabajo lo lleva a todas partes del mundo. A veces me pongo triste porque solamente lo veo una vez al año durante un tiempo muy corto, pero mi papá me llama y me escribe mucho. Le encanta escuchar sobre lo que aprendo en la escuela y me encanta hacerlo sentirse orgulloso.

¡Estoy muy feliz de compartir lo que he aprendido acerca de los continentes contigo!

~ Savannah

Mucha gente cree que billones de años atrás, todos los continentes eran un gran pedazo de tierra. Llamamos a esta tierra Pangea. Suena como [PAN-GEE-UH]

Con los años, dicen que esta tierra se rompió y se convirtió en siete partes diferentes, y ahora los llaman continentes.

ÁFRICA

África es el segundo continente más grande. También aprendí que mis ancestros fueron traídos a América del Norte de África.

Un ancestro es alguien de tu familia de hace mucho tiempo atrás: como sería el bisabuelo de tu bisabuelo.

África tiene el río más largo del mundo llamado el río Nilo, y África también tiene el desierto más grande del mundo llamado el Desierto del Sahara.

Hay 55 países reconocidos en África.

ANTÁRTICA

Antártica es una tierra que está congelada. Lo puedes encontrar en la parte inferior del globo, donde el Polo Sur está.

Antártica es el más alto, más frío, ventoso, más vacío, y a pesar de que se compone principalmente de agua congelada, es el lugar más seco de la Tierra.

Papá no ha estado en este continente, sin embargo espero que nunca tenga que ir: no me gustaría que sintiese ese frío.

ASIA

Asia es el continente más grande del mundo.

Asia también tiene la mayor población. Significa que este continente tiene el mayor número de personas viviendo en él.

Los animales más famosos de Asia son pitones reticulados, pandas, los tigres, los yaks, pandas lindas y rinocerontes de la India.

Mi papá ha sido asignado a este continente dos veces ya. Las dos veces ha sido asignado a Corea del Sur, donde se encuentra en estos momentos. Mi Mamá Bono (madrastra) vivía allí también. Ella era una maestra de inglés.

Ellos viajaron a otros lugares de Asia, como China, Tailandia y Japón. ¡Ellos siempre me mandaban los mejores regalos de estos lugares!

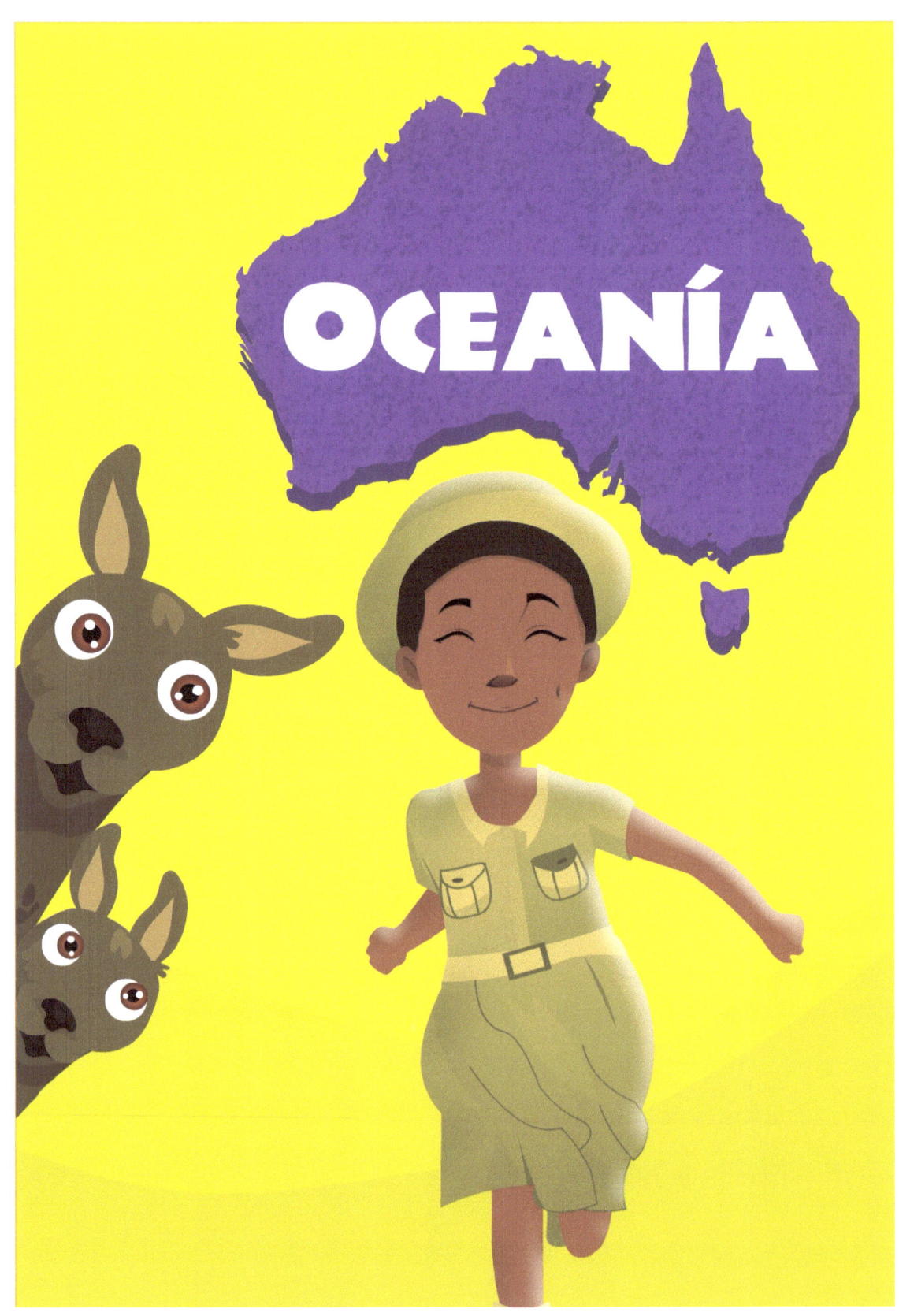

AUSTRALIA

Australia es la isla más grande en la Tierra. Una isla es un lugar que está rodeado de agua por todos lados. También es el continente más pequeño del mundo y, a veces llamado "continente Isla".

Australia tiene un solo país en su continente, que es a su vez, Australia.

Hay un ave muy grande a este continente, pero no vuela. Este pájaro se llama emú. Aquí es también donde se pueden encontrar muchos canguros.

En Australia se ven más ovejas que personas.

Australia es también conocida como "La tierra de abajo".

EUROPA

Europa es el único continente sin desiertos.

Famosas ciudades como París y Roma están en Europa.

Mi papá estuvo estacionado en Italia por dos años. Vivía en una pequeña ciudad llamada Aviano. Mi Mamá Bono (madrastra) también vivió allí por un tiempo, antes de mudarse a Corea, ella siempre dice que a pesar de que papá le gustaba antes de ir a Italia, ella se enamoró de él allí. (Romántico)

Una de las cosas más divertidas que he aprendido acerca de Europa es el festival del tomate en España, donde la gente se tiran tomates unos a otros. ¡Suena divertido!

AMERICA DEL NORTE

América del Norte es el continente donde vivo.

Yo vivo en los Estados Unidos de América.

Usted puede encontrar países como Canadá, Estados Unidos de América y México en este continente.

América del Norte es el único continente que experiencia todos los climas. Clima significa las temporadas.

El tercer río más largo del mundo se encuentra en América del Norte. Se llama el Río Mississippi. Mi padre nació y se crió en Misissippi. Mississippi es un estado que se encuentra en la parte sur oriental de los Estados Unidos de América.

América del Norte tiene grandes lugares para visitar como el Gran Cañón, El Monumento a Washington, las Cataratas del Niágara y la Estatua de la Libertad.

AMERICA DEL SUR

África tiene el río más largo, pero América del Sur tiene el más grande y se llama, el Río Amazonas.

Brasil, un país de América del Sur, produce la mayor parte del café en todo el mundo.

El fútbol es el deporte más popular en América del Sur.

Una de las serpientes más grandes del mundo se encuentra en América del Sur, se llama anaconda.

Gracias por aprender sobre continentes conmigo, espero que hayas disfrutado de nuestro viaje y que tomes el tiempo para hacer más investigaciones sobre todos los países increíbles dentro de los continentes. ¡Trata de encontrar tu parte favorita del mundo!

-Savannah